Índice

introducción

- ¿Qué es un protocolo de red?
- Importancia de los protocolos en la comunicación digital
- Cómo utilizar esta guía para aprender

Capítulo 1: Introducción a los protocolos de red

- Definición del protocolo de red
- El papel de los protocolos en la comunicación.
- Modelos de red: OSI frente a TCP/IP

Capítulo 2: El modelo OSI

- Las 7 capas del modelo OSI
- Funciones y características de cada nivel.
- Comparación entre el modelo OSI y TCP/IP

Capítulo 3: Protocolos de capa física y enlace de datos

- Introducción al nivel físico.
- Protocolos de conexión Ethernet, Wi-Fi y datos.
- Direccionamiento MAC y acceso al medio.

Capítulo 4: Protocolos de red (Nivel 3)

- El protocolo IP: IPv4 e IPv6
- Direccionamiento IP y subredes
- Descripción general de los protocolos de enrutamiento: OSPF, BGP

Capítulo 5: Protocolos de transporte

- El papel de TCP y UDP
- Diferencias entre comunicación confiable y no confiable
- Número de puerto y establecimiento de conexión.

Capítulo 6: Protocolos de aplicación más utilizados

- HTTP y HTTPS: el protocolo web
- FTP y SMTP: transferencia de archivos y correo electrónico
- DNS: Traducción del nombre de dominio

Capítulo 7: Seguridad de la red

- Introducción a la seguridad de las comunicaciones.
- Protocolos de seguridad: SSL/TLS, IPsec
- Buenas prácticas de protección de datos

Capítulo 8: Herramientas de análisis de red

- Introducción a Wireshark y otras herramientas
- Captura y análisis de paquetes de red.
- Ejemplos de análisis prácticos de los protocolos más importantes.

Capítulo 9: Introducción a las redes virtuales y protocolos VPN

- ¿Qué es una VPN y para qué sirve?
- Protocolo VPN: PPTP, L2TP, OpenVPN
- Aplicaciones de las VPN para seguridad y trabajo remoto

Capítulo 10: Tendencias actuales y futuro de los protocolos de red

- Redes 5G e Internet de las Cosas (IoT)
- QUIC y nuevos estándares
- Retos futuros en seguridad e interconectividad

Adjuntos

- Glosario de términos técnicos
- Recursos adicionales y consejos de estudio
- Cuestionarios y respuestas de autoevaluación

Introducción: ¿Qué es un protocolo de red?

Los protocolos de red son un conjunto de reglas y convenciones que permiten que los dispositivos se comuniquen entre sí dentro de una red. Piense en los protocolos como el lenguaje común que utilizan las computadoras, servidores y otros dispositivos para compartir información de manera clara y organizada. Para que los datos transmitidos lleguen correctamente a su destino y sean interpretados correctamente, cada dispositivo debe "hablar el mismo idioma".

1. Definición de protocolo de red.

Un protocolo de red es un sistema de reglas que gobierna el formato, el orden y la forma de enviar y recibir datos a través de una red. Especifica:

- **Venir** Los datos deben dividirse en paquetes.
- **Venir** Estos paquetes deben ser marcados y reenviados a su destino.
- **Venir** Gestionar la confirmación de entrega y recepción de paquetes.

Sin protocolos, los dispositivos tendrían dificultades para "entenderse" entre sí, lo que provocaría errores de comunicación e ineficiencia.

2. Finalidad de los protocolos de red

Los protocolos de red se utilizan para garantizar que:

- La transmisión de datos es eficiente y segura.
- La red puede gestionar diferentes tipos de comunicaciones y dispositivos.
- Los datos están protegidos contra el acceso no autorizado durante la transmisión.

Estos protocolos proporcionan un marco que permite una comunicación confiable, lo cual es esencial en entornos complejos como Internet, donde miles de millones de dispositivos deben comunicarse sin interrupción.

3. Componentes clave de un protocolo de red

Los protocolos de red suelen incluir:

- **Formato y estructura de datos.**: Especifica cómo se deben organizar los paquetes de datos.
- **Métodos de control de errores**: Asegúrese de que los paquetes lleguen sin daños.
- **Mecanismos de sincronización**: Asegúrese de que los datos lleguen en el orden correcto y se compilen correctamente.

Estos elementos garantizan que los dispositivos puedan enviar y recibir datos de manera eficiente y precisa, al tiempo que minimizan los errores.

4. Tipos de protocolos de red

Los protocolos de red se clasifican según sus funciones dentro de una red. Entre los principales tipos encontramos:

- **Protocolos de capa física**: Administre las conexiones y señales físicas entre dispositivos (por ejemplo, Ethernet).
- **Protocolos de transporte**: Garantizar una transmisión de datos fiable (p. ej. TCP, UDP).
- **Registros de aplicaciones**: permite que las aplicaciones se comuniquen entre sí a través de una red (por ejemplo, HTTP para la web, SMTP para correo electrónico).

5. Ejemplos de protocolos de red comunes

- **TCP/IP**: El protocolo fundamental de Internet que establece las reglas para transmitir y recibir datos entre dispositivos conectados.
- **HTTP/HTTPS**: Protocolos utilizados para la navegación por Internet y la transferencia segura de datos en línea.
- **DNS**: traduce nombres de dominio en direcciones IP, lo que facilita la navegación web.

6. La importancia de los protocolos de red

Los protocolos de red no son sólo tecnologías; Son la base de la comunicación moderna. Sin protocolos estandarizados, las redes no serían interoperables y la conectividad global que damos por sentada no existiría. Desde simplemente enviar un correo electrónico hasta conectarse a una videoconferencia, cada interacción en línea está habilitada por una compleja red de protocolos que funcionan en segundo plano.

Esta introducción le permitirá comprender completamente qué es un protocolo de red, cómo funciona y por qué es tan importante para las comunicaciones digitales modernas.

Importancia de los protocolos en la comunicación digital

Los protocolos de red son fundamentales para garantizar que las comunicaciones digitales sean consistentes, confiables y seguras. Sin protocolos estandarizados, los dispositivos no podrían comunicarse entre sí y las redes que conocemos hoy no existirían.

1. Garantizar la fiabilidad de la transmisión de datos.

Los protocolos de red garantizan que los datos se envíen y reciban correctamente. Gracias a reglas específicas, protocolos de transporte como TCP (Protocolo de control de transmisión) garantizan que cada paquete de datos llegue a su destino de forma completa y ordenada o se retransmita en caso de error. Esto es esencial para aplicaciones críticas como transferencias de archivos o transacciones en línea.

2. Interoperabilidad entre diferentes dispositivos y sistemas

Debido a que los protocolos de red están estandarizados, permiten que diferentes dispositivos (por ejemplo, computadoras, teléfonos inteligentes y enrutadores) y diferentes sistemas operativos se comuniquen sin problemas. Los protocolos establecen reglas comunes y permiten conexiones globales en Internet, donde miles de millones de dispositivos intercambian información continuamente.

3. Seguridad en la comunicación

Los protocolos de seguridad como SSL/TLS garantizan que los datos estén protegidos contra el acceso no autorizado. Sin protocolos de cifrado y autenticación, las comunicaciones estarían expuestas a numerosos riesgos, como escuchas y robo de información. Esto es particularmente importante para sitios web, banca en línea y comunicaciones corporativas.

4. Eficiencia en la comunicación en red.

Los protocolos optimizan la transmisión y recepción de datos, asegurando un uso eficiente de los recursos de la red. Por ejemplo, los protocolos de enrutamiento como OSPF y BGP determinan las mejores rutas para los datos, lo que reduce la congestión de la red y mejora el rendimiento general.

5. Simplificar el desarrollo de nuevas aplicaciones

Los protocolos permiten a los desarrolladores centrarse en el desarrollo de nuevas aplicaciones sin tener que reescribir los fundamentos de la comunicación en red. Por ejemplo, los desarrolladores de aplicaciones web pueden confiar en protocolos como HTTP y HTTPS para transferir datos entre clientes y servidores, simplificando el desarrollo y garantizando la compatibilidad con navegadores y servidores web.

Cómo utilizar esta guía de estudio

Esta guía tiene como objetivo hacer que el aprendizaje de los protocolos de red sea accesible y estructurado y proporcionar una comprensión integral de cómo funcionan y cómo utilizarlos. Para ayudarle a aprovechar al máximo esta guía, le ofrecemos algunos consejos:

1. Sigue el orden de los capítulos.

Los capítulos están organizados en un orden que va de lo general a lo específico, desde los conceptos básicos hasta los detalles técnicos. Es recomendable seguir el orden sugerido ya que cada capítulo se basa en los conocimientos adquiridos en los capítulos anteriores. Al hacer esto, desarrollará una comprensión sólida y avanzada de los protocolos de red.

2. Toma notas y subraya conceptos importantes.

Cada capítulo contiene definiciones, ejemplos y conceptos clave que vale la pena considerar. Tomar notas y subrayar puede ayudarle a consolidar la información y crear un resumen útil para revisarlo más adelante.

3. Aprende más con ejemplos prácticos y ejercicios.

Los ejemplos y las preguntas de autoevaluación están diseñados para ayudarle a aplicar lo que ha aprendido. Practicar con herramientas de análisis de red (como Wireshark) y prestar atención a ejemplos de captura de paquetes le ayudará a desarrollar una comprensión más intuitiva de los protocolos.

4. Consultar el glosario y apéndices

El glosario y los apéndices brindan acceso rápido a términos técnicos y recursos adicionales. Si encuentra un concepto complejo, consulte el glosario para obtener una explicación o continúe leyendo los recursos recomendados.

5. Utiliza pruebas de autoevaluación

Al final de cada capítulo encontrará un breve cuestionario. Las pruebas le permiten comprobar su comprensión de los conceptos e identificar posibles puntos que deben comprobarse. Revisar los exámenes mientras estudias puede ayudarte a retener mejor la información y prepararte para las pruebas o exámenes.

6. Integración con otras fuentes de estudio

Aunque esta guía proporciona una descripción completa, puede resultar útil complementar el estudio con otras fuentes, como cursos en línea, tutoriales en vídeo y documentación oficial del protocolo. El campo de las redes está en constante evolución y mantenerse actualizado puede ayudarlo a mejorar su experiencia con el tiempo.

Si sigue estas pautas, podrá aprovechar al máximo esta guía para comprender completamente los protocolos de red y sus aplicaciones. ¡Diviértete estudiando!

Capítulo 1: Introducción a los protocolos de red

Los protocolos de red forman la base de las comunicaciones digitales modernas y permiten que miles de millones de dispositivos interactúen a escala global. Este capítulo proporciona una descripción general de las definiciones, funciones y modelos más importantes de los protocolos de red.

1.1 Definición de protocolo de red

Un protocolo de red es un conjunto de reglas y convenciones que rigen cómo se transmiten y reciben datos entre dispositivos dentro de una red. Estas reglas incluyen:

- **El formato de datos**: cómo se deben estructurar y dividir en paquetes para que puedan transmitirse.
- **Los tipos de transmisión**: la velocidad, secuencia y controles necesarios para garantizar que los datos lleguen intactos a su destino.
- **Los mecanismos de control**: Manejar errores, prioridades, autenticación y otras medidas para garantizar una comunicación confiable.

Los protocolos funcionan en diferentes niveles dentro de los modelos de red y son fundamentales para garantizar que diferentes dispositivos puedan comunicarse entre sí, independientemente de su marca, sistema operativo o tipo de red.

1.2 El papel de los protocolos en la comunicación.

Los protocolos de red permiten un flujo de datos seguro, eficiente y controlado entre dispositivos. Su tarea principal se puede resumir en cuatro puntos clave:

- **Fiabilidad en la transmisión**: Protocolos como el Protocolo de control de transmisión (TCP) garantizan que los paquetes de datos se transmitan de forma secuencial y sin errores. Por ejemplo, si un paquete se pierde durante la transmisión, el protocolo solicita una retransmisión.
- **Compatibilidad e interoperabilidad**: Gracias a la adopción de estándares comunes, los protocolos permiten que diferentes dispositivos de diferentes fabricantes se comuniquen fácilmente. Esta estandarización es la razón por la que un usuario puede, por ejemplo, enviar un correo electrónico desde una computadora y recibirlo en un teléfono inteligente.
- **Eficiencia en la transmisión de datos**: Algunos protocolos como UDP (Protocolo de datagramas de usuario) sacrifican la confiabilidad por una mayor velocidad, lo cual es ideal para aplicaciones que requieren baja latencia como: Por ejemplo. videollamadas o juegos en línea.
- **Seguridad de las comunicaciones**: Protocolos como HTTPS y SSL/TLS protegen los datos transmitidos y permiten una comunicación segura a través de redes públicas como Internet. Esto es crucial para la banca, las compras en línea y las comunicaciones comerciales.

1.3 Modelos de red: OSI vs. TCP/IP

Para comprender mejor los protocolos de red, es útil conocer los principales modelos de referencia: **el modelo OSI** Y **el modelo TCP/IP**. Estos modelos ayudan a descomponer funciones de red complejas en capas más manejables, y cada capa tiene tareas específicas.

El modelo OSI

el modelo **OSI (Interconexión de sistemas abiertos)** Es un esquema teórico desarrollado por ISO (Organización Internacional de Normalización) que divide la comunicación de red en siete niveles:

1. **Nivel fisico**: Se refiere a señales físicas y la transmisión de bits a través del medio de comunicación (cables, fibras ópticas, ondas de radio).
2. **capa de enlace de datos**: gestiona la transferencia de datos entre dos nodos conectados directamente y controla la corrección de errores.
3. **Nivel de red**: se ocupa del reenvío de paquetes a través de diferentes redes hasta su destino.
4. **Patas de transporte**: asegura una transferencia de datos fiable y garantiza que los datos lleguen de forma ordenada y sin duplicados.
5. **Nivel de sesión**: gestiona y controla las conexiones entre aplicaciones y sincroniza la comunicación.
6. **Nivel de presentación**: traduce los datos a un formato que la aplicación puede interpretar y también se encarga del cifrado y la compresión.
7. **Capa de aplicación**: Proporciona interfaces de comunicación para aplicaciones como navegación web (HTTP), correo electrónico (SMTP) y transferencia de archivos (FTP).

El modelo OSI es útil para comprender la estructura de la comunicación de la red y cómo funcionan los protocolos en diferentes niveles, incluso si no se aplica directamente en la práctica.

El modelo TCP/IP

el modelo **TCP/IP (Protocolo de control de transmisión/Protocolo de Internet)** Es más conveniente y más utilizado, especialmente para redes de Internet. Simplifica la comunicación en 4 niveles:

1. **Nivel de acceso a la red**: corresponde a las capas física y de enlace de datos del modelo OSI y se ocupa de la conexión física.
2. **piernas de internet**: Similar a la capa de red del modelo OSI, gestiona el enrutamiento y el direccionamiento de paquetes (por ejemplo, IP).
3. **Patas de transporte**: Es responsable de la transferencia de datos entre dos sistemas e incluye protocolos como TCP y UDP.
4. **Capa de aplicación**: combina las capas de sesión, presentación y aplicación del modelo OSI, incluidos protocolos como HTTP, FTP y SMTP.

Comparación entre OSI y TCP/IP

El modelo OSI es un estándar teórico útil para comprender la organización de las capas de red, mientras que el modelo TCP/IP es más práctico y se aplica en la mayoría de las redes, incluida Internet. Las diferencias clave incluyen:

- **Número de niveles**: OSI tiene 7 capas mientras que TCP/IP tiene 4.
- **sencillez**: TCP/IP es más simple y práctico, mientras que OSI es más detallado y teórico.
- **aplicabilidad**: OSI se utiliza para explicar conceptos mientras que TCP/IP se utiliza en redes reales.

Resumen

Para estudiar las comunicaciones de red, es importante comprender qué son los protocolos de red y cómo funcionan en los modelos OSI y TCP/IP. Estos modelos ayudan a comprender cómo se mueven los datos a través de diferentes capas, desde la transmisión física hasta la interacción con las aplicaciones. En el próximo capítulo, profundizaremos en las características de cada capa y examinaremos los protocolos que las componen.

Capítulo 2: El modelo OSI

El modelo OSI (Interconexión de Sistemas Abiertos) es una referencia teórica que divide la comunicación de red en siete niveles para comprender y organizar mejor los procesos de transferencia de datos. Este capítulo examina las 7 capas del modelo OSI, sus funciones y características, y finalmente las compara con el modelo TCP/IP para resaltar similitudes y diferencias.

2.1 Los 7 niveles del modelo OSI

El modelo OSI se divide en siete capas, cada una con funciones y protocolos específicos. Cada capa interactúa solo con la capa inmediatamente superior o inferior, creando una estructura modular que facilita la resolución de problemas y la interoperabilidad entre dispositivos.

1. **capa fisica**
2. **capa de enlace de datos**
3. **capa de red**
4. **Capa de transporte**
5. **turno de sesión**
6. **Capa de presentación**
7. **Capa de aplicación**

Cada capa realiza tareas específicas y los datos pasan a través de cada capa durante la transmisión y recepción. En las siguientes secciones analizaremos las funciones y propiedades de cada capa.

2.2 Funciones y propiedades de cada nivel

1. Nivel físico

- **función**: Esta capa gestiona la transmisión física de bits a través de un medio de comunicación (por ejemplo, cables, fibras ópticas, ondas de radio).
- **Características**: Especifica las características eléctricas, mecánicas y de procedimiento de la conexión física entre dispositivos. Define aspectos como voltaje, tiempo de transmisión y tipo de conexiones.

2. Capa de enlace de datos

- **función**: Garantiza una transferencia de datos sin errores entre dos dispositivos conectados directamente.
- **Características**: Incluye verificación de errores y manejo de marcos. Dividido en dos subniveles: el **Control de enlace lógico (LLC)**, que maneja la comunicación entre la

capa de red y la capa de enlace de datos, y el **Control de acceso a medios (MAC)**, que controla el acceso al medio físico.

3. Capa de red

- **función**: Gestiona el reenvío de paquetes de datos en la red y el direccionamiento lógico.
- **Características**: utiliza direcciones IP para identificar de forma única cada dispositivo en la red y calcular la mejor ruta para los paquetes. Los protocolos comunes a este nivel incluyen este**IP** (Protocolo de Internet).

4. Patas de transporte

- **función**: Garantiza que los datos se transfieran entre dispositivos de forma fiable, completa y secuencial.
- **Características**: divide los datos en segmentos, garantiza una entrega sin errores y se hace cargo de la retransmisión en caso de error. Los protocolos más importantes incluyen **tcp** (Protocolo de control de transmisión) e **UDP** (Protocolo de datagramas de usuario).

5. Nivel de sesión

- **función**: Gestiona sesiones de comunicación entre aplicaciones de red y controla el inicio, mantenimiento y terminación de sesiones.
- **Características**: Sincroniza el diálogo entre dos dispositivos y puede reanudar la comunicación en caso de interrupción. Se utiliza principalmente para aplicaciones que requieren una conexión estable.

6. Nivel de presentación

- **función**: Traducción, compresión y cifrado de datos, adaptación de datos entre la capa de aplicación y la capa de transporte.
- **Características**: convierte los datos a un formato que la aplicación receptora pueda interpretar, incluida la codificación y decodificación (por ejemplo, UTF-8). Se utiliza para garantizar la compatibilidad entre dispositivos con diferentes formatos.

7. Capa de aplicación

- **función**: Proporciona la interfaz de comunicación con las aplicaciones del usuario final.
- **Características**: Permite a los usuarios interactuar con la red utilizando protocolos específicos como: **HTTP** (para navegar por Internet), **SMTP** (para correo electrónico) e **ftp** (para transferencia de archivos).

2.3 Comparación entre el modelo OSI y el modelo TCP/IP

Aunque ambos modelos tienen objetivos similares, existen algunas diferencias clave entre el modelo OSI y el modelo TCP/IP.

característica	Modelo OSI	Modelo TCP/IP
Número de niveles	7 niveles	4 niveles
Acercarse	Modelo teórico y descriptivo.	Modelo práctico e implementable.
Usar	Estándar ISO para entender las redes	El estándar de facto en Internet
Patas de transporte	Ofrece garantías de transferencia de datos	Incluye TCP para confiabilidad y UDP para velocidad
Capa de aplicación	Dividido en múltiples niveles (sesión, presentación, aplicación)	Fusionado en una sola capa (aplicación)

1. Número de niveles

- El modelo OSI se divide en 7 capas y proporciona una vista más detallada de la comunicación. En cambio, el modelo TCP/IP sólo tiene 4 capas que agrupan algunas funciones.

2. Aplicabilidad

- El modelo OSI sirve como estándar teórico para comprender las funciones de la red, mientras que el modelo TCP/IP es la principal referencia para las redes de Internet porque describe directamente los protocolos utilizados.

3. Funciones de la capa de aplicación

- En el modelo OSI, las capas de aplicación, presentación y sesión son diferentes. En el modelo TCP/IP, todas estas funciones se agrupan en la capa de aplicación, lo que hace que el modelo sea más simple y funcional.

4. Protocolo de transporte

- Ambos modelos admiten protocolos confiables como TCP, pero el modelo TCP/IP también incluye el protocolo UDP, que proporciona una comunicación más rápida, aunque menos confiable.

Resumen

El modelo OSI representa una base teórica fundamental para comprender los procesos de red. Cada capa realiza una tarea específica y garantiza confiabilidad, eficiencia y seguridad en la comunicación. Al comparar el modelo OSI y el modelo TCP/IP, se puede observar cómo los principios teóricos del modelo OSI se han simplificado para aplicarlos en el mundo real. En el próximo capítulo, examinaremos en detalle los protocolos básicos del modelo TCP/IP y analizaremos cómo soportan la comunicación en las redes actuales.

Capítulo 2: El modelo OSI

El modelo OSI (Interconexión de Sistemas Abiertos) es una referencia teórica que divide la comunicación de red en siete niveles para comprender y organizar mejor los procesos de transferencia de datos. Este capítulo examina las 7 capas del modelo OSI, sus funciones y características, y finalmente las compara con el modelo TCP/IP para resaltar similitudes y diferencias.

2.1 Los 7 niveles del modelo OSI

El modelo OSI se divide en siete capas, cada una con funciones y protocolos específicos. Cada capa interactúa solo con la capa inmediatamente superior o inferior, creando una estructura modular que facilita la resolución de problemas y la interoperabilidad entre dispositivos.

1. **capa fisica**
2. **capa de enlace de datos**
3. **capa de red**
4. **Capa de transporte**
5. **turno de sesión**
6. **Nivel de presentación**
7. **Capa de aplicación**

Cada capa realiza tareas específicas y los datos pasan a través de cada capa durante la transmisión y recepción. En las siguientes secciones analizaremos las funciones y propiedades de cada capa.

2.2 Funciones y propiedades de cada nivel

1. Nivel físico

- **función**: Esta capa gestiona la transmisión física de bits a través de un medio de comunicación (por ejemplo, cables, fibras ópticas, ondas de radio).
- **Características**: Especifica las características eléctricas, mecánicas y de procedimiento de la conexión física entre dispositivos. Define aspectos como voltaje, tiempo de transmisión y tipo de conexiones.

2. Capa de enlace de datos

- **función**: Garantiza una transferencia de datos sin errores entre dos dispositivos conectados directamente.
- **Características**: Incluye verificación de errores y manejo de marcos. Dividido en dos subniveles: el **Control de enlace lógico (LLC)**, que maneja la comunicación entre la capa de red y la capa de enlace de datos, y el **Control de acceso a medios (MAC)**, que controla el acceso al medio físico.

3. Capa de red

- **función**: Gestiona el reenvío de paquetes de datos en la red y el direccionamiento lógico.
- **Características**: utiliza direcciones IP para identificar de forma única cada dispositivo en la red y calcular la mejor ruta para los paquetes. Los protocolos comunes a este nivel incluyen este**IP** (Protocolo de Internet).

4. Patas de transporte

- **función**: Garantiza que los datos se transfieran entre dispositivos de forma fiable, completa y secuencial.

- **Características**: divide los datos en segmentos, garantiza una entrega sin errores y se hace cargo de la retransmisión en caso de error. Los protocolos más importantes incluyen **tcp** (Protocolo de control de transmisión) e **UDP** (Protocolo de datagramas de usuario).

5. Nivel de sesión

- **función**: Gestiona sesiones de comunicación entre aplicaciones de red y controla el inicio, mantenimiento y terminación de sesiones.
- **Características**: Sincroniza el diálogo entre dos dispositivos y puede reanudar la comunicación en caso de interrupción. Se utiliza principalmente para aplicaciones que requieren una conexión estable.

6. Nivel de presentación

- **función**: Traducción, compresión y cifrado de datos, adaptación de datos entre la capa de aplicación y la capa de transporte.
- **Características**: convierte datos a un formato que la aplicación receptora pueda interpretar, incluida la codificación y decodificación (por ejemplo, UTF-8). Se utiliza para garantizar la compatibilidad entre dispositivos con diferentes formatos.

7. Capa de aplicación

- **función**: Proporciona la interfaz de comunicación con las aplicaciones del usuario final.
- **Características**: Permite a los usuarios interactuar con la red utilizando protocolos específicos como: **HTTP** (para navegar por Internet), **SMTP** (para correo electrónico) e **ftp** (para transferencia de archivos).

2.3 Comparación entre el modelo OSI y el modelo TCP/IP

Aunque ambos modelos tienen objetivos similares, existen algunas diferencias clave entre el modelo OSI y el modelo TCP/IP.

Caratteristica	Modello OSI	Modello TCP/IP
Numero di Livelli	7 livelli	4 livelli
Approccio	Modello teorico e descrittivo	Modello pratico e implementabile
Uso	Standard ISO per comprendere le reti	Standard de facto per Internet
Livello di Trasporto	Offre garanzie per la trasmissione dati	Include TCP per affidabilità e UDP per velocità
Livello di Applicazione	Separato in più livelli (Sessione, Presentazione, Applicazione)	Accorpato in un unico livello (Applicazione)

1. Número de niveles

- El modelo OSI se divide en 7 capas y proporciona una vista más detallada de la comunicación. En cambio, el modelo TCP/IP sólo tiene 4 capas que agrupan algunas funciones.

2. Aplicabilidad

- El modelo OSI sirve como estándar teórico para comprender las funciones de la red, mientras que el modelo TCP/IP es la principal referencia para las redes de Internet porque describe directamente los protocolos utilizados.

3. Funciones de la capa de aplicación

- En el modelo OSI, las capas de aplicación, presentación y sesión son diferentes. En el modelo TCP/IP, todas estas funciones se agrupan en la capa de aplicación, lo que hace que el modelo sea más simple y funcional.

4. Protocolo de transporte

- Ambos modelos admiten protocolos confiables como TCP, pero el modelo TCP/IP también incluye el protocolo UDP, que proporciona una comunicación más rápida, aunque menos confiable.

Resumen

El modelo OSI representa una base teórica fundamental para comprender los procesos de red. Cada capa realiza una tarea específica y garantiza confiabilidad, eficiencia y seguridad en la comunicación. Al comparar el modelo OSI y el modelo TCP/IP, se puede observar cómo los principios teóricos del modelo OSI se han simplificado para aplicarlos en el mundo real. En el próximo capítulo, examinaremos en detalle los protocolos básicos del modelo TCP/IP y analizaremos cómo soportan la comunicación en las redes actuales.

Capítulo 3: Protocolos de capa física y enlace de datos

La capa física y los protocolos de enlace de datos forman la base sobre la que se basa toda comunicación de red. En este capítulo analizamos las propiedades básicas de estas dos capas y examinamos tecnologías de conexión como Ethernet y Wi-Fi, cómo funciona el direccionamiento MAC y el control de acceso al medio de comunicación.

3.1 Introducción al nivel físico

La capa física es la primera capa del modelo OSI y se ocupa de la transmisión real de bits a través de un medio físico, como cable, fibra o señales de radio. No se trata de interpretar datos, sino simplemente de convertir información en señales físicas.

Funciones principales del plano físico:

- **Transmisión de bits**: Convertir datos en señales eléctricas, ópticas o de radio y transferirlos físicamente de un dispositivo a otro.

- **Tipos de medios físicos**: El tipo de conexión (cobre, fibra, Wi-Fi) se selecciona en función de la velocidad y la distancia de comunicación.
- **Codificación de señal**: La capa física determina el tipo de codificación de datos para la transmisión y la hace comprensible para el dispositivo receptor.

3.2 Protocolos de conexión Ethernet, Wi-Fi y datos

La capa de enlace de datos, la segunda capa del modelo OSI, es responsable de establecer una conexión confiable entre dos dispositivos conectados directamente. Los principales protocolos de conexión de datos incluyen Ethernet y Wi-Fi, utilizados para redes cableadas e inalámbricas, respectivamente.

Ethernet
Ethernet es el estándar líder para redes cableadas. Se basa en una estructura de paquetes en la que los datos se dividen en tramas y se transmiten a través de un medio físico, como un cable de cobre o fibra óptica.

- **Operación**: Ethernet utiliza direcciones MAC (Control de acceso a medios) para identificar dispositivos y un sistema de control para evitar colisiones durante la transmisión de datos.
- **Estándar**: La tecnología Ethernet tiene varios estándares (por ejemplo, 10BASE-T, 100BASE-TX, 1000BASE-T), que difieren en la velocidad y el tipo de cable admitido.

Wi-Fi (fidelidad inalámbrica)
Wi-Fi es el estándar de conexión inalámbrica para redes de área local y permite la transmisión inalámbrica de datos mediante ondas de radio.

- **Operación**: los dispositivos Wi-Fi se comunican a través de puntos de acceso que administran las conexiones y reenvían paquetes a los dispositivos.
- **Seguridad**: Los protocolos Wi-Fi incluyen mecanismos de seguridad como WPA2 o WPA3 para proteger las comunicaciones inalámbricas del acceso no autorizado.

Protocolos de conexión de datos
Además de Ethernet y Wi-Fi, la capa de enlace de datos incluye otros protocolos específicos de diferentes tecnologías, entre ellos:

- **Anillo simbólico**: Se utiliza en algunas redes de área local, pero menos común que Ethernet.
- **PPP (Protocolo punto a punto)**: Se utiliza para conexiones de larga distancia, como conexiones telefónicas y para VPN.

3.3 Direccionamiento MAC y acceso al medio

La capa de enlace de datos incluye direccionamiento MAC y protocolos de acceso al medio, lo que garantiza que los dispositivos se comuniquen correctamente y sin interferencias.

direccionamiento MAC

- **Cosas**: La dirección MAC (Control de acceso a medios) es un identificador único asignado a cada dispositivo de red. Consta de 48 bits y generalmente se representa en hexadecimal (p. ej. 00:1A:2B:3C:4D:5E).
- **función**: La dirección MAC permite que los dispositivos se reconozcan entre sí dentro de la red local y envíen datos directamente a un dispositivo específico.
- **Estructura**: Las direcciones MAC se dividen en dos partes: la primera mitad identifica al fabricante, mientras que la segunda parte es un número que el propio fabricante asigna de forma única a cada dispositivo.

Acceso al vehículo El acceso a los medios es el proceso mediante el cual los dispositivos de red coordinan el envío de datos para evitar colisiones y superposiciones. Este aspecto es gestionado por **subcapa MAC** la capa de enlace de datos.

- **CSMA/CD (Acceso múltiple con detección de operador y detección de colisiones)**: Utilizado en redes Ethernet, permite que los dispositivos "escuchen" el canal antes de transmitir y, en caso de colisión, esperen un tiempo aleatorio antes de retransmitir.
- **CSMA/CA (Acceso múltiple con detección de operador y prevención de colisiones)**: Se utiliza en redes Wi-Fi y reduce la posibilidad de colisión en canales compartidos.
- **Paso de tokens**: Se utiliza en redes como Token Ring, donde los dispositivos solo pueden transmitir datos si tienen un "token", una señal que indica permiso para transmitir.

Resumen

La capa física y la capa de enlace de datos forman la base de la red y manejan respectivamente la transmisión de señales y la gestión de direcciones, así como el acceso a medios compartidos. Con Ethernet y Wi-Fi como protocolos principales, estas capas permiten una comunicación efectiva y ordenada. El conocimiento del direccionamiento MAC y los protocolos de acceso a medios es fundamental para comprender la comunicación entre dispositivos a nivel local.

En el próximo capítulo, examinaremos los protocolos de red para comprender cómo se enrutan los datos a través de diferentes redes para garantizar una comunicación fluida y confiable entre dispositivos remotos.

Capítulo 4: Protocolos de red (Nivel 3)

La capa de red (Capa 3 del modelo OSI) es responsable de reenviar y reenviar paquetes de datos entre redes, asegurando que los datos lleguen al destino correcto incluso en redes complejas. Este capítulo examina el Protocolo de Internet (IP), que es fundamental para las comunicaciones por Internet, e introduce conceptos para protocolos de direccionamiento, subredes y enrutamiento como OSPF y BGP.

4.1 El protocolo IP: IPv4 e IPv6

El Protocolo de Internet (IP) es la base de todas las comunicaciones en Internet y proporciona un método estándar para identificar y direccionar dispositivos en una red.

IPv4
IPv4 (Protocolo de Internet versión 4) es la cuarta versión del protocolo IP que utiliza direcciones de 32 bits. Es el protocolo más utilizado actualmente, aunque el agotamiento de las direcciones IPv4 ha provocado la necesidad de IPv6.

- **Formato**: Una dirección IPv4 consta de cuatro octetos (grupos de 8 bits) representados por cuatro números separados por puntos (por ejemplo, 192.168.1.1).
- **Límites**: IPv4 admite alrededor de 4,3 mil millones de direcciones únicas, pero con el aumento de dispositivos conectados, la introducción de IPv6 fue necesaria.

IPv6

IPv6 (Protocolo de Internet versión 6) fue diseñado para superar las limitaciones de IPv4 mediante la introducción de direcciones de 128 bits, garantizando una disponibilidad de direcciones IP prácticamente ilimitada.

- **Formato**: Una dirección IPv6 está representada por ocho grupos de cuatro dígitos hexadecimales separados por dos puntos (por ejemplo, 2001:0db8:85a3:0000:0000:8a2e:0370:7334).
- **Ventajas**: IPv6 introduce funciones avanzadas como la configuración automática de direcciones y una mejor gestión de enrutamiento, y también admite seguridad y calidad de servicio (QoS).

4.2 Direccionamiento IP y subredes

El direccionamiento IP asigna un identificador único a cada dispositivo en una red para permitir una comunicación clara y ordenada. Para optimizar el uso de las direcciones IP, el **subredes**, una técnica que divide una red IP en subredes más pequeñas.

direccionamiento IP

- **Clase de dirección (IPv4)**: Las direcciones IPv4 se dividen en clases (A, B, C, D, E) según el tamaño de la red y el destino (por ejemplo, redes públicas o privadas).
- **Dirección pública versus privada**: Las direcciones públicas son únicas en Internet, mientras que las direcciones privadas se utilizan en redes locales y requieren NAT (traducción de direcciones de red) para la comunicación externa.

subredes

- **Propósito de la subred**: permite dividir una red en secciones más pequeñas (subredes) para mejorar la eficiencia y la administración de la red. Por ejemplo, una gran empresa puede dividir sus departamentos en subredes.
- **Prefijo de red**: La división en subredes cambia el prefijo de la red y determina la parte de la dirección que es para la red y la del host. El prefijo está representado por una notación CIDR (por ejemplo, /24 indica los primeros 24 bits como parte de la red).
- **Cálculo de subred**: utilizando la dirección IP y la máscara de subred, puede calcular la cantidad de subredes disponibles y la cantidad de hosts en cada una.

4.3 Descripción general de los protocolos de enrutamiento: OSPF, BGP

El enrutamiento es el proceso de seleccionar la mejor ruta para los paquetes de datos en una red. Los protocolos de enrutamiento permiten que los enrutadores se comuniquen entre sí e intercambien información en las redes. Los protocolos de enrutamiento más comunes incluyen **OSPF** (Abra primero el camino más corto) e **BGP** (Protocolo de puerta de enlace fronteriza).

OSPF (abrir primero la ruta más corta)
OSPF es un protocolo de enrutamiento **Intradominio**, utilizado para enrutar paquetes dentro de una única red autónoma (sistema autónomo).

- **Operación**: Basado en un algoritmo **Estado de conexión**, OSPF crea un mapa de la red y calcula la ruta más corta a cada destino. Esto es particularmente útil en redes LAN.
- **adaptabilidad**: OSPF es dinámico y responde rápidamente a los cambios de red y actualiza las rutas durante las interrupciones.
- **Ventajas**: OSPF es escalable y soporta grandes redes gracias a la capacidad de dividir una red en áreas.

BGP (Protocolo de puerta de enlace fronteriza)
BGP es un protocolo de enrutamiento **interdominio** Se utiliza para intercambiar información de enrutamiento entre redes autónomas (sistemas autónomos) en Internet.

- **Operación**: BGP utiliza un algoritmo **Vector de ruta** y establece conexiones entre los routers de los diferentes proveedores y así optimiza las rutas a través de Internet.
- **Escalabilidad y flexibilidad**: BGP está diseñado para ejecutarse en redes grandes como Internet. Le permite definir rutas en función de varios parámetros, como: B. Longitud de la ruta y preferencias del administrador de red.
- **Usar en Internet**: Es el protocolo que permite que Internet funcione y conecta eficientemente miles de millones de dispositivos.

Resumen

La capa de red desempeña un papel crucial en las comunicaciones por Internet, ya que garantiza que los datos lleguen a su destino por el mejor camino posible. Para navegar en el mundo de las redes, es importante comprender los detalles del protocolo IP y las diferencias entre IPv4 e IPv6, además de saber cómo funcionan las subredes para optimizar el uso de las direcciones IP. Finalmente, los protocolos de enrutamiento como OSPF y BGP forman la base para un enrutamiento de datos eficiente, tanto dentro de redes locales como a través de Internet.

En el próximo capítulo, profundizaremos en los protocolos de la capa de transporte que garantizan la entrega de datos confiable y administran la conexión entre dispositivos.

Capítulo 5: Protocolos de transporte

La capa de transporte es fundamental para garantizar que los datos se entreguen correctamente entre dispositivos en una red, ya sea que se trate de envíos confiables o transferencias rápidas. Los principales protocolos de transporte son **tcp** (Protocolo de control de transmisión) e **UDP** (Protocolo de datagramas de usuario), que funcionan de diferentes maneras para satisfacer necesidades de comunicación específicas. En este capítulo examinaremos las funciones de TCP y UDP, las diferencias entre comunicación confiable y no confiable y conceptos básicos como números de puerto y establecimiento de conexión.

5.1 El papel de TCP y UDP

TCP y UDP son los dos protocolos principales de la capa de transporte, pero cada uno está diseñado para situaciones diferentes.

TCP (Protocolo de control de transmisión)

- **Fiabilidad y control de conexión.**: TCP es un protocolo orientado a la conexión, lo que significa que establece una conexión estable y confiable entre el remitente y el receptor antes de que comience la transmisión de datos. TCP garantiza que los datos lleguen completos y en el orden correcto.
- **Retransmisión y control de flujo.**: Utiliza mecanismos de retransmisión para garantizar que los paquetes perdidos se reenvíen y control de flujo para ajustar la velocidad de transmisión según la capacidad del receptor.

- **usar**: TCP se utiliza para aplicaciones que requieren alta confiabilidad, como: B. cargar páginas web (HTTP), correo electrónico (SMTP) y transferencia de archivos (FTP).

UDP (Protocolo de datagramas de usuario)

- **Comunicación sin conexión**: UDP es un protocolo sin conexión que envía paquetes de forma independiente sin establecer una ruta definida y confiable.
- **Velocidad y baja latencia**: UDP es más rápido que TCP porque no utiliza retransmisión ni control de flujo, lo que lo hace ideal para aplicaciones donde la velocidad es más importante que la confiabilidad perfecta, como por ejemplo: transmisión de vídeo, llamadas VoIP y juegos en línea.
- **usar**: Se prefiere UDP para aplicaciones donde se toleran pequeños errores y la inmediatez es fundamental.

5.2 Diferencias entre comunicación confiable y no confiable

Los conceptos de comunicación confiable y no confiable distinguen TCP y UDP de las siguientes maneras:

Comunicación confiable (TCP)

- **Garantía de entrega**: Con TCP, los paquetes se entregan de forma segura al destinatario, con mecanismos de retransmisión para compensar cualquier pérdida.
- **Para el control de la congestión**: TCP ajusta automáticamente el flujo de datos y ajusta la velocidad de transmisión para evitar la congestión de la red.
- **secuenciación de paquetes**: Los paquetes se entregan en el orden exacto en que fueron enviados. Cada paquete tiene un número de secuencia para mantener el orden correcto.

Comunicación no confiable (UDP)

- **Simplicidad y rapidez**: UDP no ofrece garantías de entrega. Los paquetes se envían sin control de secuencia, lo que hace que el protocolo sea más rápido pero menos confiable.
- **Sin retransmisión**: Si se pierde un paquete, UDP no intenta reenviarlo.
- **Orden no garantizada**: UDP no mantiene un orden específico para los paquetes, lo cual es adecuado para situaciones donde la prioridad es la velocidad en lugar de la precisión, como las transmisiones de video en tiempo real.

5.3 Número de puerto y establecimiento de conexión

El número de puerto es un componente clave de la capa de transporte y es importante para identificar el servicio o aplicación específica con la que desea comunicarse.

Número de puerto

- **Significado**: Los números de puerto identifican servicios específicos en un dispositivo. Por ejemplo, el puerto número 80 se usa comúnmente para el tráfico HTTP, mientras que el puerto número 443 es para HTTPS.
- **Clasificación de puertas**: Las puertas se dividen en tres categorías:
    - **Puerta de Ben Note (0-1023)**: Se utiliza para servicios estándar (HTTP, FTP, SMTP).
    - **Puertos registrados (1024-49151)**: Utilizado por aplicaciones registradas en la Autoridad de Números Asignados de Internet (IANA).
    - **Puertos dinámicos o privados (49152-65535)**: Se utiliza para conexiones temporales y generalmente se asigna dinámicamente.

Establecimiento de conexión (apretón de manos TCP)

- **Handshake a Tre Vie (apretón de manos de tres vías)**: Para establecer una conexión confiable, TCP utiliza un proceso llamado "apretón de manos de tres vías", que consta de tres fases:
    - **SINC**: El cliente envía un paquete SYN (Sincronizar) al servidor para establecer la conexión.
    - **SINCRONIZACIÓN**: El servidor responde con un paquete SYN-ACK, acepta la conexión y acusa recibo.
    - **ACK**: El cliente envía un paquete ACK (confirmación) para establecer la conexión. La conexión ahora está establecida y el flujo de datos entre el cliente y el servidor puede comenzar de manera confiable.
- **Terminación de la conexión**: Una vez completada la comunicación, TCP utiliza un proceso similar para cerrar la conexión correctamente y garantizar que todos los datos se hayan transferido correctamente.

Comunicacion mi UDP

- **Sin apretón de manos**: UDP no utiliza el proceso de protocolo de enlace y envía datos inmediatamente. Este enfoque hace que UDP sea más rápido, pero no garantiza la estabilidad de la conexión ni la confiabilidad de la transmisión.

Resumen

La capa de transporte desempeña un papel clave en las comunicaciones de red y distingue las aplicaciones que requieren confiabilidad (TCP) de aquellas que requieren velocidad (UDP). Comprender la función del número de puerto y los conceptos de establecer y borrar conexiones proporciona una base esencial para la comunicación entre dispositivos y la comprensión de los protocolos posteriores.

En el próximo capítulo nos centraremos en los protocolos de capa de aplicación que permiten la implementación de servicios y aplicaciones en Internet.

Capítulo 6: Protocolos de aplicación más utilizados

La capa de aplicación es la más cercana al usuario y representa el punto de contacto directo entre el usuario y los servicios que ofrece la red. En este capítulo, examinamos los protocolos de aplicación más comunes que permiten muchas de las funciones esenciales de Internet, desde navegación web hasta transferencia de archivos, correo electrónico y traducción de nombres de dominio. Analizaremos los protocolos en detalle **HTTP** Y **HTTPS**, **ftp**, **SMTP** Y **DNS**, destacando sus características y papel crucial en la comunicación digital.

6.1 HTTP y HTTPS: El protocolo web

HTTP (Protocolo de transferencia de hipertexto) Y **HTTPS (Protocolo seguro de transferencia de hipertexto)** son los principales protocolos para navegar por Internet y permiten a los usuarios acceder a sitios web y contenidos en línea.

- **HTTP**
  - **Operación**: HTTP es un protocolo sin estado y sin conexión que se utiliza para transferir páginas web y recursos multimedia desde un servidor web al navegador del usuario. Funciona según el sistema de solicitud y respuesta: el cliente (normalmente el navegador) envía una solicitud al servidor, que responde con los datos solicitados.
  - **Estructura**: una URL HTTP típica comienza con `http://` y le dice al navegador que está utilizando el protocolo HTTP para acceder a los recursos.
  - **Límites de seguridad**Nota: HTTP no proporciona ninguna protección para los datos transmitidos, por lo que terceros pueden interceptar o alterar la información durante la transmisión.
- **HTTPS**
  - **Seguridad añadida**: HTTPS es una versión segura de HTTP que utiliza cifrado SSL/TLS para proteger los datos en tránsito. Este protocolo es particularmente importante para sitios web que manejan información confidencial, como información de inicio de sesión y de tarjeta de crédito.
  - **Ventajas**: HTTPS proporciona autenticación del servidor y cifrado de datos, asegurando la confidencialidad e integridad de la información.
  - **Implementación**: una URL HTTPS comienza con `https://`, indicando que la conexión es segura. Ahora se considera un estándar de seguridad esencial para todos los sitios web.

6.2 FTP y SMTP: transferencia de archivos y correo electrónico

FTP (Protocolo de transferencia de archivos) Y **SMTP (Protocolo simple de transferencia de correo)** Hay dos protocolos diseñados para manejar transferencias de datos específicas: archivos y mensajes de correo electrónico.

- **FTP (Protocolo de transferencia de archivos)**
  - **función**: FTP se utiliza para transferir archivos entre un cliente y un servidor a través de una red. Permite a los usuarios cargar, descargar y administrar archivos remotos.
  - **Modo de funcionamiento**: FTP puede funcionar en modo activo o pasivo según los requisitos del cliente y las configuraciones de red.
  - **Seguridad**Nota: FTP en sí no ofrece cifrado, pero existen variantes seguras como FTPS (FTP Secure) y SFTP (Protocolo de transferencia de archivos SSH) que protegen los datos mediante cifrado.
  - **usar**: FTP se usa ampliamente para administrar sitios web y transferir grandes cantidades de datos entre servidores.
- **SMTP (Protocolo simple de transferencia de correo)**
  - **función**: SMTP es el protocolo principal para enviar correos electrónicos. Funciona con otros protocolos como IMAP o POP3, que se encargan de la recuperación de correos electrónicos del servidor.

- **Operación**: SMTP utiliza comunicación basada en texto para enviar mensajes desde clientes a servidores de correo y entre los propios servidores de correo.
- **restricciones**: SMTP no proporciona cifrado de forma predeterminada; Sin embargo, se puede utilizar con extensiones de seguridad como STARTTLS para mejorar la seguridad de los mensajes en tránsito.
- **usar**: Lo utilizan servicios de correo electrónico como Gmail y Outlook, así como aplicaciones y servidores que envían notificaciones automáticas por correo electrónico.

6.3 DNS: traducción de nombres de dominio

El **DNS (Sistema de nombres de dominio)** Es el protocolo que permite la traducción de nombres de dominio (p. ej. www.esempio.com) en direcciones IP, que son necesarias para identificar de forma única los dispositivos en una red. DNS es esencial para la navegación web porque los usuarios interactúan con nombres de dominio mientras que los dispositivos de red usan direcciones IP para comunicarse.

- **función**: DNS resuelve nombres de dominio en direcciones IP a través de una red jerárquica y distribuida globalmente de servidores DNS.
- **Estructura del sistema DNS**:
    - **Servidor DNS raíz**: el nivel más alto en la jerarquía que enruta solicitudes a servidores de dominio de nivel superior (TLD).
    - **Servidor DNS TLD (dominio de nivel superior)**: Maneja la última parte de un dominio, por ejemplo `.con`, `.org`, `.Es` y reenvía solicitudes a servidores en dominios específicos.
    - **Servidor DNS autorizado**: Contiene la información de resolución final para un dominio específico y proporciona la dirección IP asociada.
- **Caché DNS**: Los clientes y servidores DNS utilizan un caché para reducir el tiempo de respuesta de las consultas almacenando temporalmente los resultados actuales.
- **DNS y seguridad**: Algunas extensiones como DNSSEC (Extensiones de seguridad del sistema de nombres de dominio) ayudan a proteger su sistema DNS de ataques al garantizar que las respuestas DNS no se alteren en tránsito.

Resumen

Los protocolos de aplicación son fundamentales para muchas operaciones diarias en Internet. HTTP y HTTPS facilitan la navegación por Internet, FTP se encarga de las transferencias de archivos, SMTP se encarga del envío de correos electrónicos y DNS permite traducir los nombres de dominio a direcciones IP. Comprender cómo funcionan estos protocolos proporciona una base sólida para navegar por el mundo de las redes digitales y comprender los mecanismos que permiten la comunicación en línea.

En el siguiente capítulo, examinamos la seguridad de la red y cómo se adaptan los protocolos para proteger los datos y mantener la privacidad del usuario.

Capítulo 7: Seguridad de la red

La seguridad de la red es un aspecto fundamental de las comunicaciones digitales modernas. Con la creciente conectividad global y el crecimiento de los servicios basados en Internet, la protección de datos se ha convertido en una prioridad para las empresas, los usuarios y los gobiernos. En este capítulo, examinaremos los conceptos clave de seguridad en las comunicaciones de red, los protocolos más comúnmente utilizados para proteger los datos en tránsito y algunas de las mejores prácticas para mejorar la seguridad de la red.

7.1 Introducción a la seguridad de las comunicaciones

La seguridad de las comunicaciones de red es un conjunto de medidas tomadas para proteger la información a medida que se transmite a través de una red. Esto incluye protección contra acceso no autorizado, interceptación, modificación de datos y ataques que podrían poner en peligro la disponibilidad y confiabilidad del sistema. La seguridad de la red se puede dividir en varias áreas, entre ellas:

- **confidencialidad**: Asegúrese de que los datos solo sean visibles para los usuarios autorizados. Esto suele hacerse mediante cifrado.

- **integridad**: Asegúrese de que los datos no se modifiquen durante la transmisión. Esto es crucial para evitar que los datos confidenciales se modifiquen de manera fraudulenta.
- **Autenticación**: Asegurar que la identidad de las partes involucradas en la comunicación sea genuina y que no haya ataques de robo de identidad.
- **Disponibilidad**: Asegúrese de que los servicios y recursos sean accesibles cuando sea necesario y proteja su red de ataques que podrían causar interrupciones (por ejemplo, ataques DDoS).

Las amenazas a la seguridad incluyen **Dispositivos de escucha** (escuchar mensajes), **Ataques de manipulación** (cambio de datos), **acceso no autorizado** (Cortar), **Ataques DoS/DDoS** (Denegación de servicio), z **Falsificación de datos**.

7.2 Protocolos de seguridad: SSL/TLS, IPsec

Para garantizar la seguridad de la comunicación de la red, se utilizan varios protocolos. A continuación veremos los protocolos SSL/TLS e IPsec, que se encuentran entre los protocolos más populares para proteger datos en tránsito.

- **SSL/TLS (Capa de sockets seguros/Seguridad de la capa de transporte)**
    - **Descripción**: SSL es un protocolo de seguridad que ha sido reemplazado por TLS, pero el término SSL todavía se usa comúnmente. TLS proporciona cifrado de extremo a extremo para proteger los datos en tránsito entre el cliente y el servidor. Se utiliza principalmente en comunicaciones web seguras (HTTPS), pero también en otros protocolos como FTP, correo electrónico y VPN.
    - **Operación**: SSL/TLS utiliza un sistema de claves públicas y privadas para establecer una conexión segura entre el cliente y el servidor. Durante el primer "apretón de manos", se intercambian claves de cifrado para garantizar que solo el cliente y el servidor puedan leer los datos transmitidos.
    - **Protección**: SSL/TLS garantiza confidencialidad (cifrando los datos), integridad (con un mecanismo de hash para detectar cambios en los datos) y autenticación (mediante certificados digitales que verifican la identidad del servidor).
    - **Trascendencia**: HTTPS, que utiliza SSL/TLS, es esencial para proteger la privacidad del usuario en línea, especialmente en transacciones bancarias, comercio electrónico y acceso a servicios confidenciales en línea.
- **IPsec (seguridad del protocolo de Internet)**
    - **Descripción**: IPsec es un protocolo de seguridad a nivel de red que protege las comunicaciones IP. Se utiliza para cifrar y autenticar paquetes IP entre dos dispositivos, como enrutadores, firewalls o hosts, para garantizar una comunicación segura entre redes.
    - **Operación**: IPsec funciona en dos modos:
        - **Modo de transporte**: cifra solo la carga útil del paquete IP, dejando intacto el encabezado utilizado para la comunicación entre hosts.

- **Moda túnel**: cifra todo el paquete IP, incluido el encabezado utilizado para la creación de VPN.
    - **Protección**: IPsec garantiza la confidencialidad, integridad y autenticidad de los datos. Es ampliamente utilizado en **VPN (Redes Privadas Virtuales)** para proteger las conexiones a Internet y crear canales seguros incluso en redes públicas como Wi-Fi.
    - **usar**: IPsec es fundamental para la seguridad de las comunicaciones entre redes corporativas, especialmente cuando se transmiten datos confidenciales a través de Internet.

7.3 Buenas prácticas de protección de datos

La seguridad de una red depende no sólo de los protocolos sino también de las mejores prácticas de los usuarios y administradores de red. Estas son algunas de las mejores prácticas para proteger los datos y garantizar la seguridad de la red:

- **Cifrado de datos**Nota: Proteja siempre los datos confidenciales mediante cifrado durante la transmisión (HTTPS, VPN, IPsec) y también durante el almacenamiento (por ejemplo, cifrando discos duros o bases de datos).
- **Gestión de credenciales**: Utilice contraseñas seguras, únicas y modificables. Adopte sistemas de autenticación de dos factores (2FA) para agregar una capa adicional de seguridad.
- **Actualizaciones periódicas**: mantenga actualizado el software de red, los sistemas operativos y los dispositivos de red con los últimos parches de seguridad para evitar vulnerabilidades.
- **Cortafuegos y filtrado**: Configurar adecuadamente los firewalls para bloquear el acceso no autorizado y limitar las comunicaciones a lo necesario. Utilice sistemas de filtrado avanzados para protegerse de las amenazas.
- **Monitoreo de red**: Implementar sistemas de monitoreo para detectar actividades sospechosas y ataques en tiempo real. Las herramientas de análisis de anomalías pueden detectar intentos de acceso no autorizados o ataques DDoS.
- **Formación de usuarios**: Eduque a los usuarios sobre los riesgos de seguridad como el phishing y fomente comportamientos seguros como: P. ej. hacer clic en enlaces sospechosos o descargar archivos no verificados.

Resumen

La seguridad de la red es esencial para proteger los datos de amenazas y ataques. Los protocolos de seguridad como SSL/TLS e IPsec proporcionan mecanismos de cifrado, autenticación e integridad para garantizar comunicaciones seguras. Sin embargo, la protección de datos no se limita al uso de protocolos: es importante aplicar buenas prácticas de gestión de la seguridad, como: B. el uso de contraseñas seguras, actualizaciones periódicas de los sistemas y monitoreo continuo de la red. Con una combinación de protocolos eficaces y un comportamiento consciente, puede proteger su red y sus datos confidenciales de ataques y accesos no autorizados.

En el próximo capítulo, cubriremos técnicas de administración de redes, que incluyen configuración, administración de dispositivos y optimización del rendimiento.

Capítulo 8: Herramientas de análisis de red

El análisis de redes es una habilidad importante para los administradores de sistemas, los profesionales de la ciberseguridad y cualquier persona involucrada en la gestión de la infraestructura de la red. Las herramientas de análisis de red le permiten monitorear, diagnosticar y optimizar las comunicaciones entre dispositivos y brindar información detallada sobre el estado y el rendimiento de la red. En este capítulo, examinaremos algunas de las herramientas más poderosas y comunes, incluidas **Wireshark**, un software de análisis de paquetes, y proporcionaremos ejemplos prácticos de cómo usarlo para analizar los principales protocolos de red.

8.1 Introducción a Wireshark y otras herramientas

Wireshark Es una de las herramientas de análisis de redes más utilizadas y respetadas. Es un software de código abierto que permite capturar y ver el tráfico de la red en detalle. Wireshark es particularmente útil para analizar el tráfico a nivel de paquetes y diagnosticar problemas de red como latencia, configuraciones incorrectas, congestión y actividad sospechosa.

Wireshark es compatible con una variedad de protocolos y admite el análisis de comunicaciones a través de redes cableadas, Wi-Fi, VPN y otras infraestructuras de red. Ofrece una interfaz gráfica de usuario intuitiva que permite a los usuarios ver fácilmente paquetes y datos de red.

Además de Wireshark, existen otras herramientas de análisis de red que incluyen:

- **tcpdump**: una potente herramienta de línea de comandos para capturar paquetes de red. Es muy popular para análisis en servidores o en entornos donde no hay disponible una interfaz gráfica.
- **flujo neto**: Se utiliza para recopilar y monitorear estadísticas de tráfico de red en tiempo real. Es particularmente útil para analizar el rendimiento de redes de alta velocidad.
- **Nmapa**: una herramienta de escaneo de puertos de red que le permite mapear recursos de red e identificar dispositivos y servicios activos.
- **Ruta de ping y rastreo**: Herramientas esenciales para probar la conectividad entre dispositivos y diagnosticar problemas de latencia o enrutamiento.

8.2 Captura y análisis de paquetes de red

La captura de paquetes de red es el primer paso para analizar el tráfico de la red. Por ejemplo, Wireshark le permite monitorear las comunicaciones en tiempo real y ver los paquetes que viajan por la red. La captura de paquetes proporciona información detallada sobre cada mensaje, incluidas las direcciones IP, los puertos de destino, el protocolo utilizado y los datos transmitidos. La captura de paquetes es crucial para solucionar problemas de red, detectar actividades sospechosas o simplemente monitorear el tráfico para garantizar la eficiencia.

A continuación se muestra un ejemplo del uso de Wireshark para capturar paquetes:

1. **Iniciar Wireshark**: Inicie el programa y seleccione la interfaz de red deseada (por ejemplo, Ethernet o Wi-Fi).
2. **Empezar a grabar**: Haga clic en el botón Iniciar para comenzar la captura de paquetes. Wireshark comienza a mostrar todos los paquetes que pasan por la interfaz seleccionada en tiempo real.

3. **Aplicar filtros**: Wireshark le permite aplicar filtros para mostrar solo paquetes de un protocolo, dirección IP o puerto específico. Por ejemplo, el filtro le permite ver solo el tráfico HTTP. `http`.
4. **dejar de capturar**: Una vez que se hayan recopilado suficientes paquetes, puede detener la recopilación y analizar los datos registrados.

8.3 Ejemplos de análisis prácticos de los principales protocolos

Una vez capturados los paquetes de red, el análisis incluye la interpretación de los datos para solucionar problemas de red o identificar actividades anómalas. Veamos algunos ejemplos de análisis prácticos para los protocolos más importantes.

1. HTTP/HTTPS (Protocolo de transferencia de hipertexto)

- **El análisis**: Al observar el tráfico HTTP/HTTPS, Wireshark muestra las solicitudes y respuestas entre el cliente (un navegador) y el servidor web. Esto puede resultar útil para monitorear el flujo de datos mientras navega por Internet o analiza problemas de latencia.
    - **Ejemplo**: Al capturar paquetes HTTP a través de una conexión segura (HTTPS), Wireshark muestra un paquete de "apretón de enlace" SSL inicial (apretón de enlace TLS). Esto le permite verificar que la conexión se estableció correctamente y que no existen errores de configuración del servidor.

2. TCP (Protocolo de control de transmisión)

- **El análisis**: Wireshark le permite analizar las conexiones TCP, incluida la fase de protocolo de enlace, la gestión de la congestión y el cierre de la conexión.
    - **Ejemplo**: Un análisis de una sesión TCP puede proporcionar información sobre las velocidades de transferencia de datos, los tiempos de respuesta y los retrasos. Si su tráfico TCP muestra paquetes de "retransmisión", es posible que tenga un problema de congestión o pérdida de paquetes.

3. DNS (Sistema de nombres de dominio)

- **El análisis**: El tráfico DNS es fundamental para convertir nombres de dominio en direcciones IP. Wireshark le permite ver las solicitudes y respuestas de DNS entre el cliente y el servidor DNS.
    - **Ejemplo**: Al analizar el tráfico DNS, puede ver si el cliente puede resolver dominios correctamente e identificar cualquier problema con los servidores DNS, como: B. Errores de resolución o configuraciones incorrectas.

4. ICMP (Protocolo de mensajes de control de Internet)

- **El análisis**: ICMP se utiliza a menudo para diagnosticar la conectividad de la red (como en el comando `Anillo`).
    - **Ejemplo**: Al analizar los paquetes ICMP, puede verificar la latencia y determinar si hay problemas de conexión entre dos hosts. si el `Anillo` Si no obtiene una respuesta, puede haber un problema de red o un firewall que bloquea el tráfico ICMP.

5. ARP (Protocolo de resolución de direcciones)

- **El análisis**: ARP se utiliza para asociar direcciones IP con direcciones MAC en la red local. Wireshark le permite observar las solicitudes y respuestas de ARP.
    - **Ejemplo**: Si Wireshark detecta solicitudes ARP frecuentes, puede haber un problema de configuración o un conflicto de dirección IP en su red local.

Resumen

Herramientas de análisis de red como **Wireshark** Proporcionan una descripción detallada de las comunicaciones de red y son esenciales para diagnosticar y solucionar problemas de conexión. Aprender a capturar y analizar paquetes de red es una habilidad clave para cualquier administrador de sistemas o profesional de seguridad. Con herramientas de análisis, puede monitorear el tráfico de la red, identificar problemas de rendimiento y detectar actividades sospechosas. Comprender y utilizar eficazmente estas herramientas es fundamental para mantener una red segura y eficiente.

En el próximo capítulo, exploraremos los conceptos de gestión de recursos de red y optimización del rendimiento para garantizar una red estable y de alto rendimiento.

Capítulo 9: Introducción a las redes virtuales y protocolos VPN

Con la creciente necesidad de acceso remoto seguro y las crecientes preocupaciones sobre la privacidad y la seguridad de los datos en línea, la **redes privadas virtuales** (VPN) se han convertido en herramientas fundamentales para proteger las comunicaciones entre los usuarios y los recursos corporativos. En este capítulo exploraremos qué es una VPN, cómo funciona, los principales protocolos VPN utilizados y las aplicaciones prácticas que tienen las VPN en el mundo moderno, centrándonos en la seguridad y el trabajo remoto.

9.1 ¿Qué es una VPN y para qué sirve?

A **VPN (red privada virtual)** es una red privada que utiliza infraestructura pública como Internet para crear una conexión segura entre dos o más dispositivos. En la práctica, una VPN crea un "túnel" cifrado entre el dispositivo del usuario (por ejemplo, una computadora, un teléfono inteligente o una tableta) y un servidor remoto, lo que permite que los datos se transmitan de forma segura a través de redes públicas no seguras.

El objetivo principal de una VPN es proteger la privacidad y seguridad de las comunicaciones y evitar que los datos sean interceptados o manipulados en tránsito. Las VPN son particularmente útiles en escenarios donde la privacidad es esencial, como transacciones bancarias en línea, navegación en redes Wi-Fi públicas o trabajo remoto.

Las VPN se utilizan habitualmente en varios contextos:

- **Proteger la privacidad en línea**: Evite que su información personal y su historial de navegación sean monitoreados o recopilados por proveedores de servicios de Internet, piratas informáticos o autoridades gubernamentales.
- **Acceso seguro a los recursos de la empresa**- Permita que los empleados accedan de forma segura a recursos corporativos como servidores, archivos compartidos y aplicaciones corporativas desde cualquier parte del mundo.
- **Reemplazo de geolocalización**: Las VPN se pueden utilizar para "ocultar" su ubicación física y conectarse a servidores en otros países, evitar restricciones geográficas y acceder a contenido que de otro modo no estaría disponible.

9.2 Protocolo VPN: PPTP, L2TP, OpenVPN

Existen varios protocolos que se pueden utilizar para establecer una conexión VPN. Cada protocolo tiene diferentes propiedades y niveles de seguridad. A continuación examinaremos algunos de los protocolos VPN más comunes.

PPTP (Protocolo de túnel punto a punto)

PPTP es uno de los protocolos VPN más antiguos y aún más utilizados. Fue desarrollado por Microsoft y es compatible con muchos sistemas operativos, incluidos Windows, macOS y Linux. PPTP es fácil de configurar y rápido, pero tiene vulnerabilidades conocidas, principalmente debido al uso de un cifrado débil. Por este motivo, no se recomienda en escenarios donde la seguridad es una prioridad.

- **Ventajas**:
    - Fácil de configurar
    - Alta velocidad
    - Compatibilidad con muchos dispositivos y sistemas operativos.
- **Desventajas**:
    - Cifrado débil
    - Vulnerable a varios tipos de ataques.

L2TP (Protocolo de construcción de túneles de capa 2)

L2TP es un protocolo de túnel que se utiliza a menudo en combinación con IPsec (Seguridad del protocolo de Internet) para mejorar la seguridad. L2TP por sí solo no ofrece cifrado, pero cuando se combina con IPsec se convierte en una opción segura para establecer conexiones VPN. Es compatible con muchos sistemas operativos, pero tiende a ser un poco más lento que otros protocolos debido a la doble capa de seguridad.

- **Ventajas**:
    - Mayor seguridad que PPTP gracias al cifrado IPsec
    - Compatible con muchas plataformas
- **Desventajas**:
    - Más lento debido al doble cifrado
    - Puede ser bloqueado por firewalls más restrictivos.

OpenVPN

OpenVPN es uno de los protocolos VPN más seguros y flexibles disponibles en la actualidad. Es un software de código abierto, lo que significa que se puede acceder al código y comprobarlo en busca de vulnerabilidades. OpenVPN ofrece un alto nivel de seguridad gracias al cifrado avanzado y admite varios métodos de autenticación, como certificados digitales, contraseñas y claves precompartidas. Es altamente configurable y se puede utilizar para crear VPN en redes públicas o privadas y también es compatible con una amplia gama de dispositivos.

- **Ventajas**:
    - Alta seguridad con cifrado avanzado
    - Extremadamente flexible y configurable
    - Admite diferentes modos de autenticación
    - Código abierto, con apoyo de la comunidad.
- **Desventajas**:
    - Más complejo de configurar que otros protocolos
    - Puede ser más lento debido al cifrado y la flexibilidad.

9.3 Usos de las VPN para seguridad y trabajo remoto

Las VPN tienen una serie de aplicaciones prácticas que van mucho más allá de la simple protección de la privacidad. En un contexto empresarial y de seguridad, las VPN son herramientas fundamentales para garantizar la protección de datos y el acceso seguro a los recursos corporativos.

Seguridad de datos sensibles

Las VPN son cruciales para proteger datos confidenciales mientras viajan por Internet. Al utilizar una conexión segura, las empresas pueden evitar que piratas informáticos u otras partes no autorizadas intercepten datos confidenciales. Esto es especialmente importante cuando se navega por redes Wi-Fi públicas, que son vulnerables a ataques de intermediarios.

Trabajo remoto

Las VPN son esenciales para el trabajo remoto seguro. Los empleados que trabajan desde casa o mientras viajan pueden conectarse de forma segura a la red corporativa a través de una VPN y acceder a archivos, servidores y aplicaciones de la empresa como si estuvieran físicamente en la oficina. Este tipo de conexión reduce el riesgo de violaciones de datos corporativos al mantener protegidas las comunicaciones y los activos.

Accede a contenido restringido geográficamente

Las VPN se utilizan a menudo para eludir las restricciones geográficas y obtener acceso a contenidos que de otro modo no estarían disponibles en determinados países. Por ejemplo, un usuario que se encuentra en un país donde algunos contenidos web como películas, series de televisión o servicios de streaming están bloqueados puede conectarse a un servidor de otro país mediante una VPN y acceder a ese contenido como si estuviera allí.

Evitar cortafuegos

Las VPN también se utilizan para evitar cortafuegos restrictivos. En algunas situaciones, las empresas o los países imponen restricciones a ciertos tipos de tráfico web. Se puede utilizar una VPN para "ocultar" el tráfico, garantizando que se trate como si proviniera de una conexión legítima y segura y evitando los bloqueos impuestos.

Resumen

En este capítulo hemos explorado el concepto de **vpn** (Red Privada Virtual) y su papel fundamental en la protección de las comunicaciones en Internet. Hemos comentado los más importantes. **protocolos vpn**, incluidos PPTP, L2TP y OpenVPN, y analizar sus ventajas y desventajas. Además, hemos visto cómo las VPN se utilizan no sólo para proteger la privacidad en línea, sino también para garantizar el acceso seguro a los recursos de la empresa, permitir el trabajo remoto y evitar las restricciones geográficas.

En el siguiente capítulo, aprenderá cómo configurar una red VPN y cómo elegir el protocolo VPN que mejor se adapte a sus necesidades.

Capítulo 10: Tendencias actuales y futuro de los protocolos de red

En el mundo de las tecnologías de redes, el cambio es rápido y constante. Los protocolos de red que hoy forman la columna vertebral de las comunicaciones digitales están evolucionando para satisfacer nuevas necesidades, como la expansión de las redes 5G, la creciente penetración del Internet de las cosas (IoT) y la introducción de nuevas tecnologías como QUIC. En este capítulo, examinaremos algunas de las tendencias clave actuales y futuras que darán forma a la evolución de los protocolos de red.

10.1 Redes 5G e Internet de las Cosas (IoT)

El **reti 5G** y el**Internet de las cosas (IoT)** son dos de los desarrollos más significativos en el panorama de la tecnología de redes. Estas dos innovaciones están cambiando la forma en que los dispositivos se comunican entre sí y con el resto del mundo.

Redes 5G: Velocidad y conectividad sin precedentes

las redes **5G** Representan la quinta generación de redes móviles y ofrecen mejoras significativas con respecto a las tecnologías 4G y 3G anteriores. 5G no solo aumenta las velocidades de conexión (hasta 100 veces más rápidas que 4G), sino que también reduce la latencia y mejora la capacidad de admitir dispositivos conectados simultáneamente.

Características clave de 5G:

- **Baja latencia**: La latencia, es decir, el retraso en la transmisión de datos, se reduce drásticamente, lo que es esencial para aplicaciones en tiempo real como la realidad aumentada y la conducción autónoma.
- **Alta capacidad**: 5G puede manejar millones de dispositivos conectados simultáneamente, lo cual es fundamental para las aplicaciones de IoT.
- **Alta velocidad de transmisión**: Los dispositivos móviles pueden alcanzar velocidades de carga y descarga significativamente más rápidas, lo que hace que las conexiones sean más estables y rápidas.

Las redes 5G permiten una **Conectividad masiva**Esto le permite conectar millones de dispositivos, desde automóviles autónomos hasta dispositivos domésticos inteligentes, de manera más eficiente y confiable.

Internet de las cosas (IoT)

yo**Internet de las cosas (IoT)** se refiere a la red de objetos físicos que se comunican entre sí a través de Internet, como por ejemplo: sensores, wearables, sistemas industriales y dispositivos domésticos inteligentes. La conectividad avanzada que ofrece 5G es fundamental para el éxito de IoT, ya que permite que una gran cantidad de dispositivos se comuniquen en tiempo real sin comprometer la velocidad o la calidad del servicio.

Impacto de los protocolos de red en IoT:

- **Protocolos de red ligeros**: Los dispositivos IoT a menudo requieren protocolos livianos y de bajo consumo. Esto ha llevado a la adopción de protocolos como **MQTT** (Transporte de telemetría de colas de mensajes) e **COAP** (Protocolo de aplicación restringido), que están diseñados para gestionar la comunicación entre dispositivos con recursos limitados.

- **Seguridad**: Dado que Internet de las cosas abarca millones de dispositivos conectados, la seguridad es una preocupación creciente. Están surgiendo nuevos protocolos para proteger la privacidad y seguridad de los datos transferidos entre dispositivos.

Las redes 5G y la IoT se integran a la perfección, creando nuevas oportunidades en áreas como el hogar inteligente, la atención sanitaria, la Industria 4.0 y la gestión de ciudades inteligentes.

10.2 QUIC y nuevos estándares

OMS (Quick UDP Internet Connections) es un nuevo protocolo desarrollado por Google para mejorar la velocidad y confiabilidad de las conexiones a Internet. QUIC está destinado a reemplazar el protocolo. **tcp** en muchos escenarios, especialmente en aplicaciones web.

Las principales características de QUIC:

- **Baja latencia**: QUIC reduce el tiempo necesario para establecer una conexión al eliminar el viaje de ida y vuelta inicial típico de TCP.
- **Cifrado incorporado**: QUIC incluye cifrado de Seguridad de la capa de transporte (TLS) directamente en el protocolo, lo que mejora la seguridad sobre HTTP/2, que requiere una conexión separada para el cifrado.
- **multiplexor**: QUIC procesa de manera eficiente múltiples flujos de datos a través de una sola conexión, lo que reduce el riesgo de bloqueo de cabecera que puede ralentizar las comunicaciones TCP.

QUIC es particularmente útil para aplicaciones como navegación web, transmisión de video y comunicaciones en tiempo real donde la velocidad y la latencia son críticas. Actualmente, QUIC se está volviendo cada vez más popular y ha sido adoptado por muchos **Google Chrome** y de otras plataformas como parte de **HTTP/3**, un nuevo estándar para la comunicación web.

HTTP/3:

HTTP/3 es el sucesor de HTTP/2 y está basado en QUIC. Con la introducción de HTTP/3 se espera un aumento significativo del rendimiento, especialmente para aplicaciones móviles y aquellas que requieren una conexión estable y rápida.

10.3 Desafíos futuros en seguridad e interconectividad

A medida que las tecnologías de red continúan desarrollándose, surgen nuevos desafíos relacionados con la red. **Seguridad** y en**interconexión** de dispositivos. Estos problemas requieren soluciones innovadoras para garantizar que las redes sean seguras, escalables y capaces de admitir un número cada vez mayor de dispositivos.

Seguridad de la red:

Las crecientes amenazas cibernéticas, como los ataques distribuidos de denegación de servicio (DDoS), el malware y las vulnerabilidades de protocolo, siguen planteando desafíos. A medida que proliferan los dispositivos conectados, proteger los datos y las comunicaciones se vuelve cada vez más difícil.

Nuevos protocolos de seguridad:

- **DNS sobre HTTPS (DoH)**: Un nuevo enfoque para proteger las solicitudes de DNS que cifra el tráfico de DNS para evitar el seguimiento y los ataques de intermediarios.
- **Protocolos de autenticación avanzados**: La introducción de protocolos de autenticación basados en biometría y criptografía poscuántica es cada vez más importante para fortalecer la seguridad de la red.

Conexión y escalabilidad:

Con la expansión del IoT y la creciente penetración de las redes 5G, la conexión entre diferentes redes está adquiriendo cada vez más importancia. EL **Protocolos de red** Deben evolucionar para manejar la gestión del tráfico entre redes heterogéneas y garantizar que los dispositivos puedan comunicarse de manera eficiente y segura.

Tecnologías futuras:

- **red reti**: Las redes en malla, que permiten conexiones entre dispositivos sin necesidad de un servidor central, son cada vez más populares en IoT.
- **Computación de borde**: Con la llegada de los dispositivos IoT **Computación en la nube** Es posible que lo tradicional no sea lo suficientemente rápido. Edge Computing acerca el procesamiento de datos a la fuente, mejorando la velocidad y la latencia.

Resumen

En este capítulo hemos examinado los más importantes. **Tendencias futuras** en protocolos de red como **reti 5G** y el**Internet de las cosas (IoT)**, que están cambiando el panorama de las comunicaciones digitales. También hablamos del nuevo protocolo. **OMS**, que promete mejorar la velocidad y confiabilidad de las conexiones a Internet, así como los desafíos futuros en esta área. **Seguridad** Y **interconexión**. A medida que las tecnologías evolucionan y los dispositivos conectados aumentan, está claro que los protocolos de red evolucionarán para respaldar la innovación y garantizar la seguridad y escalabilidad de las infraestructuras digitales.

Apéndice C: Prueba de autoevaluación y respuestas

Las siguientes pruebas le ayudarán a evaluar su comprensión de los conceptos cubiertos en la guía. Las respuestas se pueden encontrar al final del apéndice.

1. **¿Qué es un protocolo de red?**

    - a) Un tipo de software para gestionar dispositivos de red.
    - b) Un conjunto de reglas para la comunicación entre dispositivos de la red.
    - c) Un método de cifrado de datos en tránsito.

2. **¿Qué protocolo se utiliza para la transmisión segura de datos en un sitio web?**

    - a)HTTP
    - segundo) FTP
    - c) HTTPS

3. **¿Qué se entiende por "latencia" en una red?**

    - a) La velocidad a la que se transmiten los datos a través de la red.
    - b) El tiempo entre el envío y la recepción de un paquete.
    - c) La cantidad de datos que pueden transmitirse al mismo tiempo.

4. **¿Cuál de los siguientes protocolos se utiliza para administrar conexiones seguras a través de VPN?**

    - a) PPTP
    - segundo) HTTP
    - c)SMTP

5. **¿Qué representa una dirección MAC en una red?**

    - a) Una dirección IP asignada a un dispositivo.
    - b) Un identificador único de un dispositivo en la red local.

- c) Un protocolo de red para gestionar las conexiones.

Respuesta:

1. b) Un conjunto de reglas para la comunicación entre dispositivos de la red.
2. c) HTTPS
3. b) El tiempo entre el envío y la recepción de un paquete.
4. a) PPTP
5. b) Un identificador único de un dispositivo en la red local.

Conclusiones de los apéndices

Esta sección proporciona una descripción general de la **Términos técnicos** esencial, de **recursos adicionales** para profundizar tus estudios y **cuestionario de autoevaluación** para poner a prueba tus conocimientos. Al utilizar estas herramientas, podrá profundizar aún más su comprensión de los protocolos de red y mejorar su preparación en el área de las comunicaciones digitales.

www.ingramcontent.com/pod-product-compliance
Lightning Source LLC
Chambersburg PA
CBHW082257220526
45469CB00009B/3043